RAINER MARIA RILKE

Hundert Gedichte

aufbau

RAINER MARIA RILKE
Hundert Gedichte

Herausgegeben von
Gisela und Ulrich Häussermann

 aufbau

ISBN 978-3-351-03677-5

Aufbau ist eine Marke der Aufbau Verlag GmbH & Co. KG

2. Auflage 2018
© Aufbau Verlag GmbH & Co. KG, Berlin 2017
Die Erstausgabe erschien 2000 bei Aufbau
Einbandgestaltung zero-media.net, München
unter Verwendung eines Bildes von © FinePic, München
Typographie Peter Birmele
Druck und Binden CPI books GmbH, Leck, Germany
Printed in Germany

www.aufbau-verlag.de

Inhalt

Aus den dichterischen Anfängen

Die armen Worte, die im Alltag darben........	11
Nennt ihr das Seele, was so zage zirpt	12
Sie hatte keinerlei Geschichte	13
Und wie mag die Liebe dir kommen sein?......	14
Ich fürchte mich so vor der Menschen Wort	15
Der Abend ist mein Buch	16

Aus dem »Buch der Bilder« und seinem Umkreis

Menschen bei Nacht	19
Initiale	20
Du hast mich wie eine Laute gemacht	21
Zu solchen Stunden gehn wir also hin.........	22
Enkel	23
Entfremden mußt du den Gepflogenheiten.....	24
Aus einem April	25
Die Stille................................	26
Zum Einschlafen zu sagen...................	27
Der Tod ist groß	28
Fortschritt...............................	29
Von den Fontänen........................	30
Am Rande der Nacht	32
Ernste Stunde	33
Der Schauende	34
Das Lied des Blinden	36
Das Lied der Witwe	37
Der Lesende	38
Die Reichen und Glücklichen haben gut schweigen	40
Einsamkeit	41

Herbsttag	42
Herbst	43
Der Nachbar	44
Der Knabe	45
Kindheit	46
Erinnerung	48
Ende des Herbstes	49
Abend in Skåne	50
Vorgefühl	51

Aus dem »Stunden-Buch«

Da neigt sich die Stunde und rührt mich an	55
Ich lebe mein Leben in wachsenden Ringen	56
Ich liebe meines Wesens Dunkelstunden	57
Ich lebe grad, da das Jahrhundert geht	58
Ich finde dich in allen diesen Dingen	59
In diesem Dorfe steht das letzte Haus	60
Jetzt reifen schon die roten Berberitzen	61
Die großen Städte sind nicht wahr	62
Die Städte aber wollen nur das Ihre	63

Aus den »Neuen Gedichten« und ihrem Umkreis

Abschied	67
Der Auszug des verlorenen Sohnes	68
Jugend-Bildnis meines Vaters	69
Selbstbildnis aus dem Jahre 1906	70
Blaue Hortensie	71
Das Karussell	72
Der Panther	74
Römische Fontäne	75
Abisag	76

Der Schwan	78
Spanische Tänzerin	79
Im Saal	80
Die Erblindende	81
Der Tod des Dichters	82
Todes-Erfahrung	83
Lied vom Meer	84
Ein Frühlingswind	85
Liebes-Lied	86
Rosa Hortensie	87
Die Kurtisane	88
Das Rosen-Innere	89
Der Alchimist	90
Vertrau den Büchern nicht zu sehr	91
Quai du Rosaire	92
Tage, wenn sie scheinbar uns entgleiten	93
Der Pavillon	94
Leda	95
Die Liebende	96
Der Duft	97
Der Tod der Geliebten	98
Die Flamingos	99
Archaïscher Torso Apollos	100
Die Liebenden	101
Die Entführung	102
Du, der ichs nicht sage, daß ich bei Nacht	103

Aus den späten Gedichten

Unendlich staun ich euch an, ihr Seligen	107
Du im Voraus / verlorne Geliebte	108
O Leben Leben, wunderliche Zeit	109
Die große Nacht	110
Es winkt zu Fühlung fast aus allen Dingen	112
Ausgesetzt auf den Bergen des Herzens	113

Immer wieder, ob wir der Liebe Landschaft auch kennen	114
An die Musik	115
Wie ist doch alles weit ins Bild gerückt	116
Die Sonette an Orpheus. *Erster Teil*	117
IV O ihr Zärtlichen, tretet zuweilen / in den Atem	117
IX Nur wer die Leier schon hob	118
XIX Wandelt sich rasch auch die Welt	119
XXI Frühling ist wiedergekommen	120
XXII Wir sind die Treibenden	121
Die Sonette an Orpheus. *Zweiter Teil*	122
I Atmen, du unsichtbares Gedicht!	122
XII Wolle die Wandlung. O sei für die Flamme begeistert	123
XIV Siehe die Blumen, diese dem Irdischen treuen	124
Handinneres	125
Aber die Winter! Oh diese heimliche / Einkehr	126
Komm du, du letzter, den ich anerkenne	127
Rose, oh reiner Widerspruch	128

Anhang

Nachwort	131
Daten zu Rilkes Biographie	135
Textnachweis	136
Alphabetisches Verzeichnis der Gedichtüberschriften und -anfänge	137

Aus den
dichterischen Anfängen

Die armen Worte, die im Alltag darben,
die unscheinbaren Worte, lieb ich so.
Aus meinen Festen schenk ich ihnen Farben,
da lächeln sie und werden langsam froh.

Ihr Wesen, das sie bang in sich bezwangen,
erneut sich deutlich, daß es jeder sieht;
sie sind noch niemals im Gesang gegangen
und schauernd schreiten sie in meinem Lied.

    Berlin-Wilmersdorf 1897

Nennt ihr das Seele, was so zage zirpt
in euch? Was, wie der Klang der Narrenschellen,
um Beifall bettelt und um Würde wirbt,
und endlich arm ein armes Sterben stirbt
im Weihrauchabend gotischer Kapellen, –
nennt ihr das Seele?

Schau ich die blaue Nacht, vom Mai verschneit,
in der die Welten weite Wege reisen,
mir ist: ich trage ein Stück Ewigkeit
in meiner Brust. Das rüttelt und das schreit
und will hinauf und will mit ihnen kreisen ...
Und das ist Seele.

           Prag 1896

Sie hatte keinerlei Geschichte,
ereignislos ging Jahr um Jahr –
auf einmal kams mit lauter Lichte ...
die Liebe oder was das war.

Dann plötzlich sah sie's bang zerrinnen,
da liegt ein Teich vor ihrem Haus ...
So wie ein Traum scheints zu beginnen,
und wie ein Schicksal geht es aus.

    1896 oder früher

Und wie mag die Liebe dir kommen sein?
Kam sie wie ein Sonnen, ein Blütenschnein,
kam sie wie ein Beten? – Erzähle:

Ein Glück löste leuchtend aus Himmeln sich los
und hing mit gefalteten Schwingen groß
an meiner blühenden Seele ...

      Goisern bei Ischl 1896

Ich fürchte mich so vor der Menschen Wort.
Sie sprechen alles so deutlich aus:
Und dieses heißt Hund und jenes heißt Haus,
und hier ist Beginn und das Ende ist dort.

Mich bangt auch ihr Sinn, ihr Spiel mit dem Spott,
sie wissen alles, was wird und war;
kein Berg ist ihnen mehr wunderbar;
ihr Garten und Gut grenzt grade an Gott.

Ich will immer warnen und wehren: Bleibt fern.
Die Dinge singen hör ich so gern.
Ihr rührt sie an: sie sind starr und stumm.
Ihr bringt mir alle die Dinge um.

        Berlin-Wilmersdorf 1897

Der Abend ist mein Buch. Ihm prangen
die Deckel purpurn in Damast;
ich löse seine goldnen Spangen
mit kühlen Händen, ohne Hast.

Und lese seine erste Seite,
beglückt durch den vertrauten Ton, –
und lese leiser seine zweite,
und seine dritte träum ich schon.

Berlin-Wilmersdorf 1897

Aus dem »Buch der Bilder«
und seinem Umkreis

Menschen bei Nacht

Die Nächte sind nicht für die Menge gemacht.
Von deinem Nachbar trennt dich die Nacht,
und du sollst ihn nicht suchen trotzdem.
Und machst du nachts deine Stube licht,
um Menschen zu schauen ins Angesicht,
so mußt du bedenken: wem.

Die Menschen sind furchtbar vom Licht entstellt,
das von ihren Gesichtern träuft,
und haben sie nachts sich zusammengesellt,
so schaust du eine wankende Welt
durcheinandergehäuft.
Auf ihren Stirnen hat gelber Schein
alle Gedanken verdrängt,
in ihren Blicken flackert der Wein,
an ihren Händen hängt
die schwere Gebärde, mit der sie sich
bei ihren Gesprächen verstehn;
und dabei sagen sie: *Ich* und *Ich*
und meinen: Irgendwen.

                Berlin-Schmargendorf 1899

Initiale

Gieb deine Schönheit immer hin
ohne Rechnen und Reden.
Du schweigst. Sie sagt für dich: Ich bin.
Und kommt in tausendfachem Sinn,
kommt endlich über jeden.

Berlin-Schmargendorf 1899

Du hast mich wie eine Laute gemacht:
so sei wie eine Hand.
Du hast den Abgrund meiner Nacht
mit Saiten überspannt,
auf denen andre Hände leicht
der Schwindel überfiel;
so blieb es immer unerreicht,
von vielen Sternen überfunkelt, –
das andre Ufer, welches dunkelt
jenseits von meinem Saitenspiel.

    Berlin-Schmargendorf 1900

Zu solchen Stunden gehn wir also hin
und gehen jahrelang zu solchen Stunden,
auf einmal ist ein Horchender gefunden –
und alle Worte haben Sinn.

Dann kommt das Schweigen, das wir lang erwarten,
kommt wie die Nacht, von großen Sternen breit:
zwei Menschen wachsen wie im selben Garten,
und dieser Garten ist nicht in der Zeit.

Und wenn die beiden gleich darauf sich trennen,
beim ersten Wort ist jeder schon allein.
Sie werden lächeln und sich kaum erkennen,
aber sie werden beide größer sein ...

     Worpswede 1900

Enkel

Menschen, die das tiefe Schweigen haben,
sind wie Knaben, welche Geigen haben
weit vom Urgroßvater her;
und sie wecken nie die Violinen:
ihre Hände, die im Dunkel dienen,
wurden schwer.

Doch wie Wälder sind die Geigenkästen,
und es ist ein Rauschen in den Ästen,
und die Enkel fühlen: hinter ihnen
ist das Meer ...

    Zoppot 1898

Entfremden mußt du den Gepflogenheiten,
die du in allen diesen Gassen schaust,
und dich verschließen den Gewogenheiten
der Dienstbereiten, drauf du jetzt noch baust;
erst bis du allen den Verlogenheiten
entwachsen sein wirst, denen du vertraust,
bist du am Anfang deiner selbst und stehst
an einem Meer, auf dem du ruhig gehst,
ohne zu ahnen, daß du Wunder tust,
die von den Menschen dich für immer scheiden.

Berlin-Schmargendorf 1900

Aus einem April

Wieder duftet der Wald.
Es heben die schwebenden Lerchen
mit sich den Himmel empor, der unseren Schultern
schwer war;
zwar sah man noch durch die Äste den Tag, wie er
leer war, –
aber nach langen, regnenden Nachmittagen
kommen die goldübersonnten
neueren Stunden,
vor denen flüchtend an fernen Häuserfronten
alle die wunden
Fenster furchtsam mit Flügeln schlagen.

Dann wird es still. Sogar der Regen geht leiser
über der Steine ruhig dunkelnden Glanz.
Alle Geräusche ducken sich ganz
in die glänzenden Knospen der Reiser.

Berlin-Schmargendorf 1900

Die Stille

Hörst du, Geliebte, ich hebe die Hände –
hörst du: es rauscht ...
Welche Gebärde der Einsamen fände
sich nicht von vielen Dingen belauscht?
Hörst du, Geliebte, ich schließe die Lider,
und auch *das* ist Geräusch bis zu dir.
Hörst du, Geliebte, ich hebe sie wieder ...
... aber warum bist du nicht hier.

Der Abdruck meiner kleinsten Bewegung
bleibt in der seidenen Stille sichtbar;
unvernichtbar drückt die geringste Erregung
in den gespannten Vorhang der Ferne sich ein.
Auf meinen Atemzügen heben und senken
die Sterne sich.
Zu meinen Lippen kommen die Düfte zur Tränke,
und ich erkenne die Handgelenke
entfernter Engel.
Nur die ich denke: Dich
seh ich nicht.

1900/1901

Zum Einschlafen zu sagen

Ich möchte jemanden einsingen
bei jemandem sitzen und sein.
Ich möchte dich wiegen und kleinsingen,
und begleiten schlafaus und schlafein.
Ich möchte der Einzige sein im Haus,
der wüßte: die Nacht war kalt,
und möchte horchen herein und hinaus
in dich, in die Welt, in den Wald.
Die Uhren rufen sich leise an,
und man sieht der Zeit auf den Grund.
Und unten geht noch ein fremder Mann
und stört einen fremden Hund.
Dahinter wird Stille. Ich habe groß
die Augen auf dich gelegt;
sie halten dich sanft und sie lassen dich los,
wenn ein Ding sich im Dunkel bewegt.
Oft wachst du auf – allein ...
Da möchte ich dich leise meinsingen
und möchte dich küssen und einsingen
und wissen wo hinein ...

Berlin-Schmargendorf 1900

Der Tod ist groß.
Wir sind die Seinen
lachenden Munds.
Wenn wir uns mitten im Leben meinen,
wagt er zu weinen
mitten in uns.

      1900/1901

Fortschritt

Und wieder rauscht mein tiefes Leben lauter,
als ob es jetzt in breitern Ufern ginge.
Immer verwandter werden mir die Dinge
und alle Bilder immer angeschauter.
Dem Namenlosen fühl ich mich vertrauter:
Mit meinen Sinnen, wie mit Vögeln, reiche
ich in die windigen Himmel aus der Eiche,
und in den abgebrochnen Tag der Teiche
sinkt, wie auf Fischen stehend, mein Gefühl.

    Worpswede 1900

Von den Fontänen

Auf einmal weiß ich viel von den Fontänen,
den unbegreiflichen Bäumen aus Glas.
Ich könnte reden wie von eignen Tränen,
die ich, ergriffen von sehr großen Träumen,
einmal vergeudete und dann vergaß.

Vergaß ich denn, daß Himmel Hände reichen
zu vielen Dingen und in das Gedränge?
Sah ich nicht immer Großheit ohnegleichen
im Aufstieg alter Parke, vor den weichen
erwartungsvollen Abenden, – in bleichen
aus fremden Mädchen steigenden Gesängen,
die überfließen aus der Melodie
und wirklich werden und als müßten sie
sich spiegeln in den aufgetanen Teichen?

Ich muß mich nur erinnern an das Alles,
was an Fontänen und an mir geschah, –
dann fühl ich auch die Last des Niederfalles,
in welcher ich die Wasser wiedersah:
Und weiß von Zweigen, die sich abwärts wandten,
von Stimmen, die mit kleiner Flamme brannten,
von Teichen, welche nur die Uferkanten
schwachsinnig und verschoben wiederholten,
von Abendhimmeln, welche von verkohlten
westlichen Wäldern ganz entfremdet traten
sich anders wölbten, dunkelten und taten
als wär das nicht die Welt, die sie gemeint ...

Vergaß ich denn, daß Stern bei Stern versteint
und sich verschließt gegen die Nachbargloben?

Daß sich die Welten nur noch wie verweint
im Raum erkennen? – Vielleicht sind wir *oben*,
in Himmel andrer Wesen eingewoben,
die zu uns aufschaun abends. Vielleicht loben
uns ihre Dichter. Vielleicht beten viele
zu uns empor. Vielleicht sind wir die Ziele
von fremden Flüchen, die uns nie erreichen,
Nachbaren eines Gottes, den sie meinen
in unsrer Höhe, wenn sie einsam weinen,
an den sie glauben und den sie verlieren,
und dessen Bildnis, wie ein Schein aus ihren
suchenden Lampen, flüchtig und verweht,
über unsere zerstreuten Gesichter geht ....

    Berlin-Schmargendorf 1900

Am Rande der Nacht

Meine Stube und diese Weite,
wach über nachtendem Land, –
ist Eines. Ich bin eine Saite,
über rauschende breite
Resonanzen gespannt.

Die Dinge sind Geigenleiber,
von murrendem Dunkel voll;
drin träumt das Weinen der Weiber,
drin rührt sich im Schlafe der Groll
ganzer Geschlechter .....
Ich soll
silbern erzittern: dann wird
Alles unter mir leben,
und was in den Dingen irrt,
wird nach dem Lichte streben,
das von meinem tanzenden Tone,
um welchen der Himmel wellt,
durch schmale, schmachtende Spalten
in die alten
Abgründe ohne
Ende fällt ...

Berlin-Schmargendorf 1900

Ernste Stunde

Wer jetzt weint irgendwo in der Welt,
    ohne Grund weint in der Welt,
    weint über mich.

Wer jetzt lacht irgendwo in der Nacht,
    ohne Grund lacht in der Nacht,
    lacht mich aus.

Wer jetzt geht irgendwo in der Welt,
    ohne Grund geht in der Welt,
    geht zu mir.

Wer jetzt stirbt irgendwo in der Welt,
    ohne Grund stirbt in der Welt:
    sieht mich an.

    Berlin-Schmargendorf 1900

Der Schauende

Ich sehe den Bäumen die Stürme an,
die aus laugewordenen Tagen
an meine ängstlichen Fenster schlagen,
und höre die Fernen Dinge sagen,
die ich nicht ohne Freund ertragen,
nicht ohne Schwester lieben kann.

Da geht der Sturm, ein Umgestalter,
geht durch den Wald und durch die Zeit,
und alles ist wie ohne Alter:
die Landschaft, wie ein Vers im Psalter,
ist Ernst und Wucht und Ewigkeit.

Wie ist das klein, womit wir ringen,
was mit uns ringt, wie ist das groß;
ließen wir, ähnlicher den Dingen,
uns *so* vom großen Sturm bezwingen, –
wir würden weit und namenlos.

Was wir besiegen, ist das Kleine,
und der Erfolg selbst macht uns klein.
Das Ewige und Ungemeine
will nicht von uns gebogen sein.
Das ist der Engel, der den Ringern
des Alten Testaments erschien:
wenn seiner Widersacher Sehnen
im Kampfe sich metallen dehnen,
fühlt er sie unter seinen Fingern
wie Saiten tiefer Melodien.

Wen dieser Engel überwand,
welcher so oft auf Kampf verzichtet,
der geht gerecht und aufgerichtet
und groß aus jener harten Hand,
die sich, wie formend, an ihn schmiegte.
Die Siege laden ihn nicht ein.
Sein Wachstum ist: der Tiefbesiegte
von immer Größerem zu sein.

Berlin-Schmargendorf 1901

Das Lied des Blinden

Ich bin blind, ihr draußen, das ist ein Fluch,
ein Widerwillen, ein Widerspruch,
etwas täglich Schweres.
Ich leg meine Hand auf den Arm der Frau,
meine graue Hand auf ihr graues Grau,
und sie führt mich durch lauter Leeres.

Ihr rührt euch und rückt und bildet euch ein
anders zu klingen als Stein auf Stein,
aber ihr irrt euch: ich allein
lebe und leide und lärme.
In mir ist ein endloses Schrein
und ich weiß nicht, schreit mir mein
Herz oder meine Gedärme.

Erkennt ihr die Lieder? Ihr sanget sie nicht
nicht ganz in dieser Betonung.
Euch kommt jeden Morgen das neue Licht
warm in die offene Wohnung.
Und ihr habt ein Gefühl von Gesicht zu Gesicht
und das verleitet zur Schonung.

Paris 1906

Das Lied der Witwe

Am Anfang war mir das Leben gut.
Es hielt mich warm, es machte mir Mut.
Daß es das allen Jungen tut,
wie konnt ich das damals wissen.
Ich wußte nicht, was das Leben war –,
auf einmal war es nur Jahr und Jahr,
nicht mehr gut, nicht mehr neu, nicht mehr wunderbar,
wie mitten entzwei gerissen.

Das war nicht Seine, nicht meine Schuld;
wir hatten beide nichts als Geduld,
aber der Tod hat keine.
Ich sah ihn kommen (wie schlecht er kam),
und ich schaute ihm zu wie er nahm und nahm:
es war ja gar nicht das Meine.

Was war denn das Meine; Meines, Mein?
War mir nicht selbst mein Elendsein
nur vom Schicksal geliehn?
Das Schicksal will nicht nur das Glück,
es will die Pein und das Schrein zurück
und es kauft für alt den Ruin.

Das Schicksal war da und erwarb für ein Nichts
jeden Ausdruck meines Gesichts
bis auf die Art zu gehn.
Das war ein täglicher Ausverkauf
und als ich leer war, gab es mich auf
und ließ mich offen stehn.

Paris 1906

Der Lesende

Ich las schon lang. Seit dieser Nachmittag,
mit Regen rauschend, an den Fenstern lag.
Vom Winde draußen hörte ich nichts mehr:
mein Buch war schwer.
Ich sah ihm in die Blätter wie in Mienen,
die dunkel werden von Nachdenklichkeit,
und um mein Lesen staute sich die Zeit. –
Auf einmal sind die Seiten überschienen,
und statt der bangen Wortverworrenheit
steht: Abend, Abend ... überall auf ihnen.
Ich schau noch nicht hinaus, und doch
　　zerreißen
die langen Zeilen, und die Worte rollen
von ihren Fäden fort, wohin sie wollen ...
Da weiß ich es: über den übervollen
glänzenden Gärten sind die Himmel weit;
die Sonne hat noch einmal kommen sollen. –
Und jetzt wird Sommernacht, soweit man
　　sieht:
zu wenig Gruppen stellt sich das Verstreute,
dunkel, auf langen Wegen, gehn die Leute,
und seltsam weit, als ob es mehr bedeute,
hört man das Wenige, das noch geschieht.

Und wenn ich jetzt vom Buch die Augen
　　hebe,
wird nichts befremdlich sein und alles groß.
Dort draußen ist, was ich hier drinnen lebe,
und hier und dort ist alles grenzenlos;
nur daß ich mich noch mehr damit verwebe,
wenn meine Blicke an die Dinge passen

und an die ernste Einfachheit der Massen, –
da wächst die Erde über sich hinaus.
Den ganzen Himmel scheint sie zu umfassen:
der erste Stern ist wie das letzte Haus.

        Westerwede 1901

Die Reichen und Glücklichen haben gut schweigen,
niemand will wissen was sie sind.
Aber die Dürftigen müssen sich zeigen,
müssen sagen: ich bin blind
oder: ich bin im Begriff es zu werden
oder: es geht mir nicht gut auf Erden
oder: ich habe ein krankes Kind
oder: da bin ich zusammengefügt ...
  Und vielleicht, daß das gar nicht genügt.

Und weil alle sonst, wie an Dingen,
an ihnen vorbeigehn, müssen sie singen.

Und da hört man noch guten Gesang.

Freilich die Menschen sind seltsam; sie hören
lieber Kastraten in Knabenchören.

Aber Gott selber kommt und bleibt lang
wenn ihn *diese* Beschnittenen stören.

Paris 1906

Einsamkeit

Die Einsamkeit ist wie ein Regen.
Sie steigt vom Meer den Abenden entgegen;
von Ebenen, die fern sind und entlegen,
geht sie zum Himmel, der sie immer hat.
Und erst vom Himmel fällt sie auf die Stadt.

Regnet hernieder in den Zwitterstunden,
wenn sich nach Morgen wenden alle Gassen
und wenn die Leiber, welche nichts gefunden,
enttäuscht und traurig von einander lassen;
und wenn die Menschen, die einander hassen,
in *einem* Bett zusammen schlafen müssen:

dann geht die Einsamkeit mit den Flüssen ...

    Paris 1902

Herbsttag

Herr: es ist Zeit. Der Sommer war sehr groß.
Leg deinen Schatten auf die Sonnenuhren,
und auf den Fluren laß die Winde los.

Befiehl den letzten Früchten voll zu sein;
gieb ihnen noch zwei südlichere Tage,
dränge sie zur Vollendung hin und jage
die letzte Süße in den schweren Wein.

Wer jetzt kein Haus hat, baut sich keines mehr.
Wer jetzt allein ist, wird es lange bleiben,
wird wachen, lesen, lange Briefe schreiben
und wird in den Alleen hin und her
unruhig wandern, wenn die Blätter treiben.

Paris 1902

Herbst

Die Blätter fallen, fallen wie von weit,
als welkten in den Himmeln ferne Gärten;
sie fallen mit verneinender Gebärde.

Und in den Nächten fällt die schwere Erde
aus allen Sternen in die Einsamkeit.

Wir alle fallen. Diese Hand da fällt.
Und sieh dir andre an: es ist in allen.

Und doch ist Einer, welcher dieses Fallen
unendlich sanft in seinen Händen hält.

        Paris 1902

Der Nachbar

Fremde Geige, gehst du mir nach?
In wieviel fernen Städten schon sprach
deine einsame Nacht zu meiner?
Spielen dich hunderte? Spielt dich einer?

Giebt es in allen großen Städten
solche, die sich ohne dich
schon in den Flüssen verloren hätten?
Und warum trifft es immer mich?

Warum bin ich immer der Nachbar derer,
die dich bange zwingen zu singen
und zu sagen: Das Leben ist schwerer
als die Schwere von allen Dingen.

1902/1903

Der Knabe

Ich möchte einer werden so wie die,
die durch die Nacht mit wilden Pferden fahren,
mit Fackeln, die gleich aufgegangnen Haaren
in ihres Jagens großem Winde wehn.
Vorn möcht ich stehen wie in einem Kahne,
groß und wie eine Fahne aufgerollt.
Dunkel, aber mit einem Helm von Gold,
der unruhig glänzt. Und hinter mir gereiht
zehn Männer aus derselben Dunkelheit
mit Helmen, die, wie meiner, unstät sind,
bald klar wie Glas, bald dunkel, alt und blind.
Und einer steht bei mir und bläst uns Raum
mit der Trompete, welche blitzt und schreit,
und bläst uns eine schwarze Einsamkeit,
durch die wir rasen wie ein rascher Traum:
Die Häuser fallen hinter uns ins Knie,
die Gassen biegen sich uns schief entgegen,
die Plätze weichen aus: wir fassen sie,
und unsre Rosse rauschen wie ein Regen.

1902/1903

Kindheit

Da rinnt der Schule lange Angst und Zeit
mit Warten hin, mit lauter dumpfen Dingen.
O Einsamkeit, o schweres Zeitverbringen ...
Und dann hinaus: die Straßen sprühn und klingen
und auf den Plätzen die Fontänen springen
und in den Gärten wird die Welt so weit –.
Und durch das alles gehn im kleinen Kleid,
ganz anders als die andern gehn und gingen –:
O wunderliche Zeit, o Zeitverbringen,
o Einsamkeit.

Und in das alles fern hinauszuschauen:
Männer und Frauen; Männer, Männer, Frauen
und Kinder, welche anders sind und bunt;
und da ein Haus und dann und wann ein Hund
und Schrecken lautlos wechselnd mit Vertrauen –:
O Trauer ohne Sinn, o Traum, o Grauen,
o Tiefe ohne Grund.

Und so zu spielen: Ball und Ring und Reifen
in einem Garten, welcher sanft verblaßt,
und manchmal die Erwachsenen zu streifen,
blind und verwildert in des Haschens Hast,
aber am Abend still, mit kleinen steifen
Schritten nachhaus zu gehn, fest angefaßt –:
O immer mehr entweichendes Begreifen,
o Angst, o Last.

Und stundenlang am großen grauen Teiche
mit einem kleinen Segelschiff zu knien;
es zu vergessen, weil noch andre, gleiche

und schönere Segel durch die Ringe ziehn,
und denken müssen an das kleine bleiche
Gesicht, das sinkend aus dem Teiche schien –:
O Kindheit, o entgleitende Vergleiche.
Wohin? Wohin?

Meudon 1905/1906

Erinnerung

Und du wartest, erwartest das Eine,
das dein Leben unendlich vermehrt;
das Mächtige, Ungemeine,
das Erwachen der Steine,
Tiefen, dir zugekehrt.

Es dämmern im Bücherständer
die Bände in Gold und Braun;
und du denkst an durchfahrene Länder,
an Bilder, an die Gewänder
wiederverlorener Fraun.

Und da weißt du auf einmal: das war es,
Du erhebst dich, und vor dir steht
eines vergangenen Jahres
Angst und Gestalt und Gebet.

1902–1906

Ende des Herbstes

Ich sehe seit einer Zeit,
wie alles sich verwandelt.
Etwas steht auf und handelt
und tötet und tut Leid.

Von Mal zu Mal sind all
die Gärten nicht dieselben;
von den gilbenden zu der gelben
langsamem Verfall:
wie war der Weg mir weit.

Jetzt bin ich bei den leeren
und schaue durch alle Alleen.
Fast bis zu den fernen Meeren
kann ich den ernsten schweren
verwehrenden Himmel sehn.

1902–1906

Abend in Skåne

Der Park ist hoch. Und wie aus einem Haus
tret ich aus seiner Dämmerung heraus
in Ebene und Abend. In den Wind,
denselben Wind, den auch die Wolken fühlen,
die hellen Flüsse und die Flügelmühlen,
die langsam mahlend stehn am Himmelsrand.
Jetzt bin auch ich ein Ding in seiner Hand,
das kleinste unter diesen Himmeln. – Schau:

Ist das Ein Himmel?:
                Selig lichtes Blau,
in das sich immer reinere Wolken drängen,
und drunter alle Weiß in Übergängen,
und drüber jenes dünne, große Grau,
warmwallend wie auf roter Untermalung,
und über allem diese stille Strahlung
sinkender Sonne.

             Wunderlicher Bau,
in sich bewegt und von sich selbst gehalten,
Gestalten bildend, Riesenflügel, Falten
und Hochgebirge vor den ersten Sternen
und plötzlich, da: ein Tor in solche Fernen,
wie sie vielleicht nur Vögel kennen …

    Jonsered bei Göteborg 1904

Vorgefühl

Ich bin wie eine Fahne von Fernen umgeben.
Ich ahne die Winde, die kommen, und muß sie leben,
während die Dinge unten sich noch nicht rühren:
die Türen schließen noch sanft, und in den Kaminen
 ist Stille;
die Fenster zittern noch nicht, und der Staub ist noch
 schwer.

Da weiß ich die Stürme schon und bin erregt wie das
 Meer.
Und breite mich aus und falle in mich hinein
und werfe mich ab und bin ganz allein
in dem großen Sturm.

1902–1906

Aus dem »Stunden-Buch«

Da neigt sich die Stunde und rührt mich an
mit klarem, metallenem Schlag:
mir zittern die Sinne. Ich fühle: ich kann –
und ich fasse den plastischen Tag.

Nichts war noch vollendet, eh ich es erschaut,
ein jedes Werden stand still.
Meine Blicke sind reif, und wie eine Braut
kommt jedem das Ding, das er will.

Nichts ist mir zu klein und ich lieb es trotzdem
und mal es auf Goldgrund und groß,
und halte es hoch, und ich weiß nicht wem
löst es die Seele los ...

        Berlin-Schmargendorf 1899

Ich lebe mein Leben in wachsenden Ringen,
die sich über die Dinge ziehn.
Ich werde den letzten vielleicht nicht vollbringen,
aber versuchen will ich ihn.

Ich kreise um Gott, um den uralten Turm,
und ich kreise jahrtausendelang;
und ich weiß noch nicht: bin ich ein Falke, ein Sturm
oder ein großer Gesang.

Berlin-Schmargendorf 1899

Ich liebe meines Wesens Dunkelstunden,
in welchen meine Sinne sich vertiefen;
in ihnen hab ich, wie in alten Briefen,
mein täglich Leben schon gelebt gefunden
und wie Legende weit und überwunden.

Aus ihnen kommt mir Wissen, daß ich Raum
zu einem zweiten zeitlos breiten Leben habe.
Und manchmal bin ich wie der Baum,
der, reif und rauschend, über einem Grabe
den Traum erfüllt, den der vergangne Knabe
(um den sich seine warmen Wurzeln drängen)
verlor in Traurigkeiten und Gesängen.

        Berlin-Schmargendorf 1899

Ich lebe grad, da das Jahrhundert geht.
Man fühlt den Wind von einem großen Blatt,
das Gott und du und ich beschrieben hat
und das sich hoch in fremden Händen dreht.

Man fühlt den Glanz von einer neuen Seite,
auf der noch Alles werden kann.

Die stillen Kräfte prüfen ihre Breite
und sehn einander dunkel an.

        Berlin-Schmargendorf 1899

Ich finde dich in allen diesen Dingen,
denen ich gut und wie ein Bruder bin;
als Samen sonnst du dich in den geringen
und in den großen giebst du groß dich hin.

Das ist das wundersame Spiel der Kräfte,
daß sie so dienend durch die Dinge gehn:
in Wurzeln wachsend, schwindend in die Schäfte
und in den Wipfeln wie ein Auferstehn.

    Berlin-Schmargendorf 1899

In diesem Dorfe steht das letzte Haus
so einsam wie das letzte Haus der Welt.

Die Straße, die das kleine Dorf nicht hält,
geht langsam weiter in die Nacht hinaus.

Das kleine Dorf ist nur ein Übergang
zwischen zwei Weiten, ahnungsvoll und bang,
ein Weg an Häusern hin statt eines Stegs.

Und die das Dorf verlassen, wandern lang,
und viele sterben vielleicht unterwegs.

                Westerwede 1901

Jetzt reifen schon die roten Berberitzen,
alternde Astern atmen schwach im Beet.
Wer jetzt nicht reich ist, da der Sommer geht,
wird immer warten und sich nie besitzen.

Wer jetzt nicht seine Augen schließen kann,
gewiß, daß eine Fülle von Gesichten
in ihm nur wartet bis die Nacht begann,
um sich in seinem Dunkel aufzurichten: –
der ist vergangen wie ein alter Mann.

Dem kommt nichts mehr, dem stößt kein Tag mehr zu,
und alles lügt ihn an, was ihm geschieht;
auch du, mein Gott. Und wie ein Stein bist du,
welcher ihn täglich in die Tiefe zieht.

                    Westerwede 1901

Die großen Städte sind nicht wahr; sie täuschen
den Tag, die Nacht, die Tiere und das Kind;
ihr Schweigen lügt, sie lügen mit Geräuschen
und mit den Dingen, welche willig sind.

Nichts von dem weiten wirklichen Geschehen,
das sich um dich, du Werdender, bewegt,
geschieht in ihnen. Deiner Winde Wehen
fällt in die Gassen, die es anders drehen,
ihr Rauschen wird im Hin- und Wiedergehen
verwirrt, gereizt und aufgeregt.

Sie kommen auch zu Beeten und Alleen –:

        Viareggio 1903

Die Städte aber wollen nur das Ihre
und reißen alles mit in ihren Lauf.
Wie hohles Holz zerbrechen sie die Tiere
und brauchen viele Völker brennend auf.

Und ihre Menschen dienen in Kulturen
und fallen tief aus Gleichgewicht und Maß,
und nennen Fortschritt ihre Schneckenspuren
und fahren rascher, wo sie langsam fuhren,
und fühlen sich und funkeln wie die Huren
und lärmen lauter mit Metall und Glas.

Es ist, als ob ein Trug sie täglich äffte,
sie können gar nicht mehr sie selber sein;
das Geld wächst an, hat alle ihre Kräfte
und ist wie Ostwind groß, und sie sind klein
und ausgeholt und warten, daß der Wein
und alles Gift der Tier- und Menschensäfte
sie reize zu vergänglichem Geschäfte.

        Viareggio 1903

Aus den »Neuen Gedichten« und ihrem Umkreis

Abschied

Wie hab ich das gefühlt was Abschied heißt.
Wie weiß ichs noch: ein dunkles unverwundnes
grausames Etwas, das ein Schönverbundnes
noch einmal zeigt und hinhält und zerreißt.

Wie war ich ohne Wehr, dem zuzuschauen,
das, da es mich, mich rufend, gehen ließ,
zurückblieb, so als wärens alle Frauen
und dennoch klein und weiß und nichts als dies:

Ein Winken, schon nicht mehr auf mich bezogen,
ein leise Weiterwinkendes –, schon kaum
erklärbar mehr: vielleicht ein Pflaumenbaum,
von dem ein Kuckuck hastig abgeflogen.

1906

Der Auszug
des verlorenen Sohnes

Nun fortzugehn von alledem Verworrnen,
das unser ist und uns doch nicht gehört,
das, wie das Wasser in den alten Bornen,
uns zitternd spiegelt und das Bild zerstört;
von allem diesen, das sich wie mit Dornen
noch einmal an uns anhängt – fortzugehn
und Das und Den,
die man schon nicht mehr sah
(so täglich waren sie und so gewöhnlich),
auf einmal anzuschauen: sanft, versöhnlich
und wie an einem Anfang und von nah;
und ahnend einzusehn, wie unpersönlich,
wie über alle hin das Leid geschah,
von dem die Kindheit voll war bis zum Rand –:
Und dann doch fortzugehen, Hand aus Hand,
als ob man ein Geheiltes neu zerrisse,
und fortzugehn: wohin? Ins Ungewisse,
weit in ein unverwandtes warmes Land,
das hinter allem Handeln wie Kulisse
gleichgültig sein wird: Garten oder Wand;
und fortzugehn: warum? Aus Drang, aus Artung,
aus Ungeduld, aus dunkler Erwartung,
aus Unverständlichkeit und Unverstand:

Dies alles auf sich nehmen und vergebens
vielleicht Gehaltnes fallen lassen, um
allein zu sterben, wissend nicht warum –

Ist das der Eingang eines neuen Lebens?

Paris 1906

Jugend-Bildnis meines Vaters

Im Auge Traum. Die Stirn wie in Berührung
mit etwas Fernem. Um den Mund enorm
viel Jugend, ungelächelte Verführung,
und vor der vollen schmückenden Verschnürung
der schlanken adeligen Uniform
der Säbelkorb und beide Hände –, die
abwarten, ruhig, zu nichts hingedrängt.
Und nun fast nicht mehr sichtbar: als ob sie
zuerst, die Fernes greifenden, verschwänden.
Und alles andre mit sich selbst verhängt
und ausgelöscht als ob wirs nicht verständen
und tief aus seiner eignen Tiefe trüb –.

Du schnell vergehendes Daguerreotyp
in meinen langsamer vergehenden Händen.

        Paris 1906

Selbstbildnis
aus dem Jahre 1906

Des alten lange adligen Geschlechtes
Feststehendes im Augenbogenbau.
Im Blicke noch der Kindheit Angst und Blau
und Demut da und dort, nicht eines Knechtes
doch eines Dienenden und einer Frau.
Der Mund als Mund gemacht, groß und genau,
nicht überredend, aber ein Gerechtes
Aussagendes. Die Stirne ohne Schlechtes
und gern im Schatten stiller Niederschau.

Das, als Zusammenhang, erst nur geahnt;
noch nie im Leiden oder im Gelingen
zusammgefaßt zu dauerndem Durchdringen,
doch so, als wäre mit zerstreuten Dingen
von fern ein Ernstes, Wirkliches geplant.

Paris 1906 (?)

Blaue Hortensie

So wie das letzte Grün in Farbentiegeln
sind diese Blätter, trocken, stumpf und rauh,
hinter den Blütendolden, die ein Blau
nicht auf sich tragen, nur von ferne spiegeln.

Sie spiegeln es verweint und ungenau,
als wollten sie es wiederum verlieren,
und wie in alten blauen Briefpapieren
ist Gelb in ihnen, Violett und Grau;

Verwaschnes wie an einer Kinderschürze,
Nichtmehrgetragnes, dem nichts mehr geschieht:
wie fühlt man eines kleinen Lebens Kürze.

Doch plötzlich scheint das Blau sich zu verneuen
in einer von den Dolden, und man sieht
ein rührend Blaues sich vor Grünem freuen.

          Paris 1906

Das Karussell
Jardin du Luxembourg

Mit einem Dach und seinem Schatten dreht
sich eine kleine Weile der Bestand
von bunten Pferden, alle aus dem Land,
das lange zögert, eh es untergeht.
Zwar manche sind an Wagen angespannt,
doch alle haben Mut in ihren Mienen;
ein böser roter Löwe geht mit ihnen
und dann und wann ein weißer Elefant.

Sogar ein Hirsch ist da, ganz wie im Wald,
nur daß er einen Sattel trägt und drüber
ein kleines blaues Mädchen aufgeschnallt.

Und auf dem Löwen reitet weiß ein Junge
und hält sich mit der kleinen heißen Hand,
dieweil der Löwe Zähne zeigt und Zunge.

Und dann und wann ein weißer Elefant.

Und auf den Pferden kommen sie vorüber,
auch Mädchen, helle, diesem Pferdesprunge
fast schon entwachsen; mitten in dem
   Schwunge
schauen sie auf, irgendwohin, herüber –

Und dann und wann ein weißer Elefant.

Und das geht hin und eilt sich, daß es endet,
und kreist und dreht sich nur und hat kein Ziel.
Ein Rot, ein Grün, ein Grau vorbeigesendet,
ein kleines kaum begonnenes Profil –.

Und manchesmal ein Lächeln, hergewendet,
ein seliges, das blendet und verschwendet
an dieses atemlose blinde Spiel ...

Paris 1906

Der Panther
Im Jardin des Plantes, Paris

Sein Blick ist vom Vorübergehn der Stäbe
so müd geworden, daß er nichts mehr hält.
Ihm ist, als ob es tausend Stäbe gäbe
und hinter tausend Stäben keine Welt.

Der weiche Gang geschmeidig starker Schritte,
der sich im allerkleinsten Kreise dreht,
ist wie ein Tanz von Kraft um eine Mitte,
in der betäubt ein großer Wille steht.

Nur manchmal schiebt der Vorhang der Pupille
sich lautlos auf –. Dann geht ein Bild hinein,
geht durch der Glieder angespannte Stille –
und hört im Herzen auf zu sein.

Paris 1902/1903

Römische Fontäne
Borghese

Zwei Becken, eins das andre übersteigend
aus einem alten runden Marmorrand,
und aus dem oberen Wasser leis sich neigend
zum Wasser, welches unten wartend stand,

dem leise redenden entgegenschweigend
und heimlich, gleichsam in der hohlen Hand,
ihm Himmel hinter Grün und Dunkel zeigend
wie einen unbekannten Gegenstand;

sich selber ruhig in der schönen Schale
verbreitend ohne Heimweh, Kreis aus Kreis,
nur manchmal träumerisch und tropfenweis

sich niederlassend an den Moosbehängen
zum letzten Spiegel, der sein Becken leis
von unten lächeln macht mit Übergängen.

Paris 1906

Abisag

I

Sie lag. Und ihre Kinderarme waren
von Dienern um den Welkenden gebunden,
auf dem sie lag die süßen langen Stunden,
ein wenig bang vor seinen vielen Jahren.

Und manchmal wandte sie in seinem Barte
ihr Angesicht, wenn eine Eule schrie;
und alles, was die Nacht war, kam und scharte
mit Bangen und Verlangen sich um sie.

Die Sterne zitterten wie ihresgleichen,
ein Duft ging suchend durch das Schlafgemach,
der Vorhang rührte sich und gab ein Zeichen,
und leise ging ihr Blick dem Zeichen nach –.

Aber sie hielt sich an dem dunkeln Alten
und, von der Nacht der Nächte nicht erreicht,
lag sie auf seinem fürstlichen Erkalten
jungfräulich und wie eine Seele leicht.

II

Der König saß und sann den leeren Tag
getaner Taten, ungefühlter Lüste
und seiner Lieblingshündin, der er pflag –.
Aber am Abend wölbte Abisag
sich über ihm. Sein wirres Leben lag
verlassen wie verrufne Meeresküste
unter dem Sternbild ihrer stillen Brüste.

Und manchmal, als ein Kundiger der Frauen,
erkannte er durch seine Augenbrauen
den unbewegten, küsselosen Mund;
und sah: ihres Gefühles grüne Rute
neigte sich nicht herab zu seinem Grund.
Ihn fröstelte. Er horchte wie ein Hund
und suchte sich in seinem letzten Blute.

   Meudon 1905/1906

Der Schwan

Diese Mühsal, durch noch Ungetanes
schwer und wie gebunden hinzugehn,
gleicht dem ungeschaffnen Gang des Schwanes.

Und das Sterben, dieses Nichtmehrfassen
jenes Grunds, auf dem wir täglich stehn,
seinem ängstlichen Sich-Niederlassen –:

in die Wasser, die ihn sanft empfangen
und die sich, wie glücklich und vergangen,
unter ihm zurückziehn, Flut um Flut;
während er unendlich still und sicher
immer mündiger und königlicher
und gelassener zu ziehn geruht.

Meudon 1905/1906

Spanische Tänzerin

Wie in der Hand ein Schwefelzündholz, weiß,
eh es zur Flamme kommt, nach allen Seiten
zuckende Zungen streckt –: beginnt im Kreis
naher Beschauer hastig, hell und heiß
ihr runder Tanz sich zuckend auszubreiten.

Und plötzlich ist er Flamme, ganz und gar.

Mit einem Blick entzündet sie ihr Haar
und dreht auf einmal mit gewagter Kunst
ihr ganzes Kleid in diese Feuersbrunst,
aus welcher sich, wie Schlangen die erschrecken,
die nackten Arme wach und klappernd strecken.

Und dann: als würde ihr das Feuer knapp,
nimmt sie es ganz zusamm und wirft es ab
sehr herrisch, mit hochmütiger Gebärde
und schaut: da liegt es rasend auf der Erde
und flammt noch immer und ergiebt sich nicht –.
Doch sieghaft, sicher und mit einem süßen
grüßenden Lächeln hebt sie ihr Gesicht
und stampft es aus mit kleinen festen Füßen.

Paris 1906

Im Saal

Wie sind sie alle um uns, diese Herrn
in Kammerherrentrachten und Jabots,
wie eine Nacht um ihren Ordensstern
sich immer mehr verdunkelnd, rücksichtslos,
und diese Damen, zart, fragile, doch groß
von ihren Kleidern, eine Hand im Schooß,
klein wie ein Halsband für den Bologneser:
wie sind sie da um jeden: um den Leser,
um den Betrachter dieser Bibelots,
darunter manches ihnen noch gehört.

Sie lassen, voller Takt, uns ungestört
das Leben leben wie wir es begreifen
und wie sie's nicht verstehn. Sie wollten blühn,
und blühn ist schön sein; doch wir wollen reifen,
und das heißt dunkel sein und sich bemühn.

Paris 1906

Die Erblindende

Sie saß so wie die anderen beim Tee.
Mir war zuerst, als ob sie ihre Tasse
ein wenig anders als die andern fasse.
Sie lächelte einmal. Es tat fast weh.

Und als man schließlich sich erhob und sprach
und langsam und wie es der Zufall brachte
durch viele Zimmer ging (man sprach und lachte),
da sah ich sie. Sie ging den andern nach,

verhalten, so wie eine, welche gleich
wird singen müssen und vor vielen Leuten;
auf ihren hellen Augen die sich freuten
war Licht von außen wie auf einem Teich.

Sie folgte langsam und sie brauchte lang
als wäre etwas noch nicht überstiegen;
und doch: als ob, nach einem Übergang,
sie nicht mehr gehen würde, sondern fliegen.

                Paris 1906

Der Tod des Dichters

Er lag. Sein aufgestelltes Antlitz war
bleich und verweigernd in den steilen Kissen,
seitdem die Welt und dieses von-ihr-Wissen,
von seinen Sinnen abgerissen,
zurückfiel an das teilnahmslose Jahr.

Die, so ihn leben sahen, wußten nicht,
wie sehr er Eines war mit allem diesen;
denn Dieses: diese Tiefen, diese Wiesen
und diese Wasser *waren* sein Gesicht.

O sein Gesicht war diese ganze Weite,
die jetzt noch zu ihm will und um ihn wirbt;
und seine Maske, die nun bang verstirbt,
ist zart und offen wie die Innenseite
von einer Frucht, die an der Luft verdirbt.

Paris 1906

Todes-Erfahrung

Wir wissen nichts von diesem Hingehn, das
nicht mit uns teilt. Wir haben keinen Grund,
Bewunderung und Liebe oder Haß
dem Tod zu zeigen, den ein Maskenmund

tragischer Klage wunderlich entstellt.
Noch ist die Welt voll Rollen, die wir spielen.
Solang wir sorgen, ob wir auch gefielen,
spielt auch der Tod, obwohl er nicht gefällt.

Doch als du gingst, da brach in diese Bühne
ein Streifen Wirklichkeit durch jenen Spalt
durch den du hingingst: Grün wirklicher Grüne,
wirklicher Sonnenschein, wirklicher Wald.

Wir spielen weiter. Bang und schwer Erlerntes
hersagend und Gebärden dann und wann
aufhebend; aber dein von uns entferntes,
aus unserm Stück entrücktes Dasein kann

uns manchmal überkommen, wie ein Wissen
von jener Wirklichkeit sich niedersenkend,
so daß wir eine Weile hingerissen
das Leben spielen, nicht an Beifall denkend.

Capri 1907

Lied vom Meer
Capri. Piccola Marina

Uraltes Wehn vom Meer,
Meerwind bei Nacht:
   du kommst zu keinem her;
wenn einer wacht,
so muß er sehn, wie er
dich übersteht:
   uraltes Wehn vom Meer,
welches weht
nur wie für Ur-Gestein,
lauter Raum
reißend von weit herein ...

O wie fühlt dich ein
treibender Feigenbaum
oben im Mondschein.

Capri 1907

Ein Frühlingswind

Mit diesem Wind kommt Schicksal; laß, o laß
es kommen, all das Drängende und Blinde,
von dem wir glühen werden –: alles das.
(Sei still und rühr dich nicht, daß es uns finde.)
O unser Schicksal kommt mit diesem Winde.

Von irgendwo bringt dieser neue Wind,
schwankend vom Tragen namenloser Dinge,
über das Meer her *was wir sind*.

.... Wären wirs doch. So wären wir zuhaus.
(Die Himmel stiegen in uns auf und nieder.)
Aber mit diesem Wind geht immer wieder
das Schicksal riesig über uns hinaus.

Capri 1907

Liebes-Lied

Wie soll ich meine Seele halten, daß
sie nicht an deine rührt? Wie soll ich sie
hinheben über dich zu andern Dingen?
Ach gerne möcht ich sie bei irgendwas
Verlorenem im Dunkel unterbringen
an einer fremden stillen Stelle, die
nicht weiterschwingt, wenn deine Tiefen schwingen.
Doch alles, was uns anrührt, dich und mich,
nimmt uns zusammen wie ein Bogenstrich,
der aus zwei Saiten *eine* Stimme zieht.
Auf welches Instrument sind wir gespannt?
Und welcher Geiger hat uns in der Hand?
O süßes Lied.

Capri 1907

Rosa Hortensie

Wer nahm das Rosa an? Wer wußte auch,
daß es sich sammelte in diesen Dolden?
Wie Dinge unter Gold, die sich entgolden,
entröten sie sich sanft, wie im Gebrauch.

Daß sie für solches Rosa nichts verlangen.
Bleibt es für sie und lächelt aus der Luft?
Sind Engel da, es zärtlich zu empfangen,
wenn es vergeht, großmütig wie ein Duft?

Oder vielleicht auch geben sie es preis,
damit es nie erführe vom Verblühn.
Doch unter diesem Rosa hat ein Grün
gehorcht, das jetzt verwelkt und alles weiß.

1907/1908

Die Kurtisane

Venedigs Sonne wird in meinem Haar
ein Gold bereiten: aller Alchemie
erlauchten Ausgang. Meine Brauen, die
den Brücken gleichen, siehst du sie

hinführen ob der lautlosen Gefahr
der Augen, die ein heimlicher Verkehr
an die Kanäle schließt, so daß das Meer
in ihnen steigt und fällt und wechselt. Wer

mich einmal sah, beneidet meinen Hund,
weil sich auf ihm oft in zerstreuter Pause
die Hand, die nie an keiner Glut verkohlt,

die unverwundbare, geschmückt, erholt –.
Und Knaben, Hoffnungen aus altem Hause,
gehn wie an Gift an meinem Mund zugrund.

Capri 1907

Das Rosen-Innere

Wo ist zu diesem Innen
ein Außen? Auf welches Weh
legt man solches Linnen?
Welche Himmel spiegeln sich drinnen
in dem Binnensee
dieser offenen Rosen,
dieser sorglosen, sieh:
wie sie lose im Losen
liegen, als könnte nie
eine zitternde Hand sie verschütten.
Sie können sich selber kaum
halten; viele ließen
sich überfüllen und fließen
über von Innenraum
in die Tage, die immer
voller und voller sich schließen,
bis der ganze Sommer ein Zimmer
wird, ein Zimmer in einem Traum.

Paris 1907

Der Alchimist

Seltsam verlächelnd schob der Laborant
den Kolben fort, der halbberuhigt rauchte.
Er wußte jetzt, was er noch brauchte,
damit der sehr erlauchte Gegenstand

da drin entstände. Zeiten brauchte er,
Jahrtausende für sich und diese Birne
in der es brodelte; im Hirn Gestirne
und im Bewußtsein mindestens das Meer.

Das Ungeheuere, das er gewollt,
er ließ es los in dieser Nacht. Es kehrte
zurück zu Gott und in sein altes Maß;

er aber, lallend wie ein Trunkenbold,
lag über dem Geheimfach und begehrte
den Brocken Gold, den er besaß.

Paris 1907

> Geschrieben für H. St.,
> um sein Gedicht zu erwidern.

Vertrau den Büchern nicht zu sehr; sie sind
Gewesenes und Kommendes. Ergreife
ein Seiendes. So wird auch deine Reife
nicht alles sein. Denn da ist Jeder Kind,

wo Dinge stehn, unendlich überragend,
was sich in uns zu mehr zusammen nimmt;
wir raten nur und sagen alles fragend,
sie aber gehn in sich und sind bestimmt.

Und wenn du auch dein Leben so begannst,
als solltest du's in Stunden überwinden:
im Kleinsten wirst du einen Meister finden,
dem du tiefinnen nie genugtun kannst.

    Venedig 1907

Quai du Rosaire
Brügge

Die Gassen haben einen sachten Gang
(wie manchmal Menschen gehen im Genesen
nachdenkend: was ist früher hier gewesen?)
und die an Plätze kommen, warten lang

auf eine andre, die mit einem Schritt
über das abendklare Wasser tritt,
darin, je mehr sich rings die Dinge mildern,
die eingehängte Welt von Spiegelbildern
so wirklich wird wie diese Dinge nie.

Verging nicht diese Stadt? Nun siehst du, wie
(nach einem unbegreiflichen Gesetz)
sie wach und deutlich wird im Umgestellten,
als wäre dort das Leben nicht so selten;
dort hängen jetzt die Gärten groß und gelten,
dort dreht sich plötzlich hinter schnell erhellten
Fenstern der Tanz in den Estaminets.

Und oben blieb? – – Die Stille nur, ich glaube,
und kostet langsam und von nichts gedrängt
Beere um Beere aus der süßen Traube
des Glockenspiels, das in den Himmeln hängt.

Paris 1907

Tage, wenn sie scheinbar uns entgleiten,
gleiten leise doch in uns hinein,
aber wir verwandeln alle Zeiten;
denn wir sehnen uns zu sein ....

1907

Der Pavillon

Aber selbst noch durch die Flügeltüren
mit dem grünen regentrüben Glas
ist ein Spiegeln lächelnder Allüren
und ein Glanz von jenem Glück zu spüren,
das sich dort, wohin sie nicht mehr führen,
einst verbarg, verklärte und vergaß.

Aber selbst noch in den Stein-Guirlanden
über der nicht mehr berührten Tür
ist ein Hang zur Heimlichkeit vorhanden
und ein stilles Mitgefühl dafür –,

und sie schauern manchmal, wie gespiegelt,
wenn ein Wind sie schattig überlief;
auch das Wappen, wie auf einem Brief
viel zu glücklich, überstürzt gesiegelt,

redet noch. Wie wenig man verscheuchte:
alles weiß noch, weint noch, tut noch weh –.
Und im Fortgehn durch die tränenfeuchte
abgelegene Allee

fühlt man lang noch auf dem Rand des Dachs
jene Urnen stehen, kalt, zerspalten:
doch entschlossen, noch zusammzuhalten
um die Asche alter Achs.

Paris 1907

Leda

Als ihn der Gott in seiner Not betrat,
erschrak er fast, den Schwan so schön zu finden;
er ließ sich ganz verwirrt in ihm verschwinden.
Schon aber trug ihn sein Betrug zur Tat,

bevor er noch des unerprobten Seins
Gefühle prüfte. Und die Aufgetane
erkannte schon den Kommenden im Schwane
und wußte schon: er bat um Eins,

das sie, verwirrt in ihrem Widerstand,
nicht mehr verbergen konnte. Er kam nieder
und halsend durch die immer schwächre Hand

ließ sich der Gott in die Geliebte los.
Dann erst empfand er glücklich sein Gefieder
und wurde wirklich Schwan in ihrem Schooß.

1907/1908

Die Liebende

Das ist mein Fenster. Eben
bin ich so sanft erwacht.
Ich dachte, ich würde schweben.
Bis wohin reicht mein Leben,
und wo beginnt die Nacht?

Ich könnte meinen, alles
wäre noch Ich ringsum;
durchsichtig wie eines Kristalles
Tiefe, verdunkelt, stumm.

Ich könnte auch noch die Sterne
fassen in mir; so groß
scheint mir mein Herz; so gerne
ließ es ihn wieder los

den ich vielleicht zu lieben,
vielleicht zu halten begann.
Fremd, wie niebeschrieben
sieht mich mein Schicksal an.

Was bin ich unter diese
Unendlichkeit gelegt,
duftend wie eine Wiese,
hin und her bewegt,

rufend zugleich und bange,
daß einer den Ruf vernimmt,
und zum Untergange
in einem Andern bestimmt.

Paris 1907

Der Duft

Wer bist du, Unbegreiflicher: du Geist,
wie weißt du mich von wo und wann zu finden,
der du das Innere (wie ein Erblinden)
so innig machst, daß es sich schließt und kreist.
Der Liebende, der eine an sich reißt,
hat sie nicht nah; nur du allein bist Nähe.
Wen hast du nicht durchtränkt als ob du jähe
die Farbe seiner Augen seist.

Ach, wer Musik in einem Spiegel sähe,
der sähe dich und wüßte, wie du heißt.

Paris 1907

Der Tod der Geliebten

Er wußte nur vom Tod was alle wissen:
daß er uns nimmt und in das Stumme stößt.
Als aber sie, nicht von ihm fortgerissen,
nein, leis aus seinen Augen ausgelöst,

hinüberglitt zu unbekannten Schatten,
und als er fühlte, daß sie drüben nun
wie einen Mond ihr Mädchenlächeln hatten
und ihre Weise wohlzutun:

da wurden ihm die Toten so bekannt,
als wäre er durch sie mit einem jeden
ganz nah verwandt; er ließ die andern reden

und glaubte nicht und nannte jenes Land
das gutgelegene, das immersüße –
Und tastete es ab für ihre Füße.

Paris 1907

Die Flamingos
Jardin des Plantes, Paris

In Spiegelbildern wie von Fragonard
ist doch von ihrem Weiß und ihrer Röte
nicht mehr gegeben, als dir einer böte,
wenn er von seiner Freundin sagt: sie war

noch sanft von Schlaf. Denn steigen sie ins Grüne
und stehn, auf rosa Stielen leicht gedreht,
beisammen, blühend, wie in einem Beet,
verführen sie verführender als Phryne

sich selber; bis sie ihres Auges Bleiche
hinhalsend bergen in der eignen Weiche,
in welcher Schwarz und Fruchtrot sich versteckt.

Auf einmal kreischt ein Neid durch die Volière;
sie aber haben sich erstaunt gestreckt
und schreiten einzeln ins Imaginäre.

1907/1908

Archaïscher Torso Apollos

Wir kannten nicht sein unerhörtes Haupt,
darin die Augenäpfel reiften. Aber
sein Torso glüht noch wie ein Kandelaber,
in dem sein Schauen, nur zurückgeschraubt,

sich hält und glänzt. Sonst könnte nicht der Bug
der Brust dich blenden, und im leisen Drehen
der Lenden könnte nicht ein Lächeln gehen
zu jener Mitte, die die Zeugung trug.

Sonst stünde dieser Stein entstellt und kurz
unter der Schultern durchsichtigem Sturz
und flimmerte nicht so wie Raubtierfelle;

und bräche nicht aus allen seinen Rändern
aus wie ein Stern: denn da ist keine Stelle,
die dich nicht sieht. Du mußt dein Leben ändern.

Paris 1908

Die Liebenden

Sieh, wie sie zu einander erwachsen:
in ihren Adern wird alles Geist.
Ihre Gestalten beben wie Achsen,
um die es heiß und hinreißend kreist.
Dürstende, und sie bekommen zu trinken,
Wache und sieh: sie bekommen zu sehn.
Laß sie ineinander sinken,
um einander zu überstehn.

Paris 1908

Die Entführung

Oft war sie als Kind ihren Dienerinnen
entwichen, um die Nacht und den Wind
(weil sie drinnen so anders sind)
draußen zu sehn an ihrem Beginnen;

doch keine Sturmnacht hatte gewiß
den riesigen Park so in Stücke gerissen,
wie ihn jetzt ihr Gewissen zerriß,

da er sie nahm von der seidenen Leiter
und sie weitertrug, weiter, weiter ...:

bis der Wagen alles war.

Und sie roch ihn, den schwarzen Wagen,
um den verhalten das Jagen stand
und die Gefahr.
Und sie fand ihn mit Kaltem ausgeschlagen;
und das Schwarze und Kalte war auch in ihr.
Sie kroch in ihren Mantelkragen
und befühlte ihr Haar, als bliebe es hier,
und hörte fremd einen Fremden sagen:
Ichbinbeidir.

Paris 1908

Du, der ichs nicht sage, daß ich bei Nacht
weinend liege,
deren Wesen mich müde macht
wie eine Wiege.
Du, die mir nicht sagt, wenn sie wacht
meinetwillen:
wie, wenn wir diese Pracht
ohne zu stillen
in uns ertrügen?

Sieh dir die Liebenden an,
wenn erst das Bekennen begann,
wie bald sie lügen.

Du machst mich allein. Dich einzig kann ich
vertauschen.
Eine Weile bist dus, dann wieder ist es das
Rauschen,
oder es ist ein Duft ohne Rest.
Ach, in den Armen hab ich sie alle verloren,
du nur, du wirst immer wieder geboren:
weil ich niemals dich anhielt, halt ich dich fest.

        Paris 1909

Aus den späten Gedichten

> Die Mandelbäume in Blüte: alles, was wir
> hier leisten können, ist, sich ohne Rest
> erkennen in der irdischen Erscheinung.

Unendlich staun ich euch an, ihr Seligen, euer
 Benehmen,
wie ihr die schwindliche Zier traget in ewigem Sinn.
Ach wers verstünde zu blühn: dem wär das Herz
 über alle
schwachen Gefahren hinaus und in der großen
 getrost.

Ronda (Andalusien) 1912/1913

Du im Voraus
verlorne Geliebte, Nimmergekommene,
nicht weiß ich, welche Töne dir lieb sind.
Nicht mehr versuch ich, dich, wenn das Kommende
    wogt,
zu erkennen. Alle die großen
Bilder in mir, im Fernen erfahrene Landschaft,
Städte und Türme und Brücken und un-
vermutete Wendung der Wege
und das Gewaltige jener von Göttern
einst durchwachsenen Länder:
steigt zur Bedeutung in mir
deiner, Entgehende, an.

Ach, die Gärten bist du,
ach, ich sah sie mit solcher
Hoffnung. Ein offenes Fenster
im Landhaus —, und du tratest beinahe
mir nachdenklich heran. Gassen fand ich, —
du warst sie gerade gegangen,
und die Spiegel manchmal der Läden der Händler
waren noch schwindlich von dir und gaben
    erschrocken
mein zu plötzliches Bild. — Wer weiß, ob derselbe
Vogel nicht hinklang durch uns
gestern, einzeln, im Abend?

        Paris 1913/1914

O Leben Leben, wunderliche Zeit
von Widerspruch zu Widerspruche reichend,
im Gange oft so schlecht, so schwer so schleichend,
und dann auf einmal, mit unsäglich weit
entspannten Flügeln, einem Engel gleichend:
o unerklärlichste, o Lebenszeit.

Von allen großgewagten Existenzen
kann eine glühender und kühner sein?
Wir stehn und stemmen uns an unsre Grenzen
und reißen ein Unkenntliches herein,
....

              Paris 1913/1914

Die große Nacht

Oft anstaunt ich dich, stand an gestern begonnenem
  Fenster,
stand und staunte dich an. Noch war mir die neue
Stadt wie verwehrt, und die unüberredete Landschaft
finsterte hin, als wäre ich nicht. Nicht gaben die
  nächsten
Dinge sich Müh, mir verständlich zu sein. An der
  Laterne
drängte die Gasse herauf: ich sah, daß sie fremd war.
Drüben – ein Zimmer, mitfühlbar, geklärt in der Lampe –,
schon nahm ich teil; sie empfandens, schlossen die
  Läden.
Stand. Und dann weinte ein Kind. Ich wußte die Mütter
rings in den Häusern, was sie vermögen –, und wußte
alles Weinens zugleich die untröstlichen Gründe.
Oder es sang eine Stimme und reichte ein Stück weit
aus der Erwartung heraus, oder es hustete unten
voller Vorwurf ein Alter, als ob sein Körper im Recht sei
wider die mildere Welt. Dann schlug eine Stunde –,
aber ich zählte zu spät, sie fiel mir vorüber. –
Wie ein Knabe, ein fremder, wenn man endlich ihn
  zuläßt,
doch den Ball nicht fängt und keines der Spiele
kann, die die andern so leicht an einander betreiben,
dasteht und wegschaut, – wohin –?: stand ich und
  plötzlich,
daß *du* umgehst mit mir, spielest, begriff ich, erwachsene
Nacht, und staunte dich an. Wo die Türme
zürnten, wo abgewendeten Schicksals
eine Stadt mich umstand und nicht zu erratende Berge
wider mich lagen, und im genäherten Umkreis

hungernde Fremdheit umzog das zufällige Flackern
meiner Gefühle –: da war es, du Hohe,
keine Schande für dich, daß du mich kanntest. Dein Atem
ging über mich. Dein auf weite Ernste verteiltes
Lächeln trat in mich ein.

Paris 1914

Es winkt zu Fühlung fast aus allen Dingen,
aus jeder Wendung weht es her: Gedenk!
Ein Tag, an dem wir fremd vorübergingen,
entschließt im künftigen sich zum Geschenk.

Wer rechnet unseren Ertrag? Wer trennt
uns von den alten, den vergangnen Jahren?
Was haben wir seit Anbeginn erfahren,
als daß sich eins im anderen erkennt?

Als daß an uns Gleichgültiges erwarmt?
O Haus, o Wiesenhang, o Abendlicht,
auf einmal bringst du's beinah zum Gesicht
und stehst an uns, umarmend und umarmt.

Durch alle Wesen reicht der *eine* Raum:
Weltinnenraum. Die Vögel fliegen still
durch uns hindurch. O, der ich wachsen will,
ich seh hinaus, und *in* mir wächst der Baum.

Ich sorge mich, und in mir steht das Haus.
Ich hüte mich, und in mir ist die Hut.
Geliebter, der ich wurde: an mir ruht
der schönen Schöpfung Bild und weint sich aus.

      München oder Irschenhausen 1914

Ausgesetzt auf den Bergen des Herzens. Siehe, wie
    klein dort,
siehe: die letzte Ortschaft der Worte, und höher,
aber wie klein auch, noch ein letztes
Gehöft von Gefühl. Erkennst du's?
Ausgesetzt auf den Bergen des Herzens. Steingrund
unter den Händen. Hier blüht wohl
einiges auf; aus stummem Absturz
blüht ein unwissendes Kraut singend hervor.
Aber der Wissende? Ach, der zu wissen begann
und schweigt nun, ausgesetzt auf den Bergen des
    Herzens.
Da geht wohl, heilen Bewußtseins,
manches umher, manches gesicherte Bergtier,
wechselt und weilt. Und der große geborgene Vogel
kreist um der Gipfel reine Verweigerung. – Aber
ungeborgen, hier auf den Bergen des Herzens ....

    Irschenhausen 1914

Immer wieder, ob wir der Liebe Landschaft auch kennen
und den kleinen Kirchhof mit seinen klagenden Namen
und die furchtbar verschweigende Schlucht, in welcher
   die andern
enden: immer wieder gehn wir zu zweien hinaus
unter die alten Bäume, lagern uns immer wieder
zwischen die Blumen, gegenüber dem Himmel.

1914

An die Musik

Musik: Atem der Statuen. Vielleicht:
Stille der Bilder. Du Sprache wo Sprachen
enden. Du Zeit,
die senkrecht steht auf der Richtung
  vergehender Herzen.

Gefühle zu wem? O du der Gefühle
Wandlung in was? –: in hörbare Landschaft.
Du Fremde: Musik. Du uns entwachsener
Herzraum. Innigstes unser,
das, uns übersteigend, hinausdrängt, –
heiliger Abschied:
da uns das Innre umsteht
als geübteste Ferne, als andre
Seite der Luft:
rein,
riesig,
nicht mehr bewohnbar.

            München 1918

Wie ist doch alles weit ins Bild gerückt.
Wir staunens an und nennen es: das Wahre.
Und wandeln uns mit ihm im Gang der Jahre.
Und doch ist unsichtbar, was uns entzückt.

Drum sorge nicht, ob du etwa verlörst.
Das Herz reicht weiter als die letzte Ferne.
Wenn du die eigne Stimme steigen hörst,
so singt die Welt, so klingen deine Sterne.

    Zürich 1919

Die Sonette an Orpheus
Erster Teil

IV

O ihr Zärtlichen, tretet zuweilen
in den Atem, der euch nicht meint,
laßt ihn an eueren Wangen sich teilen,
hinter euch zittert er, wieder vereint.

O ihr Seligen, o ihr Heilen,
die ihr der Anfang der Herzen scheint.
Bogen der Pfeile und Ziele von Pfeilen,
ewiger glänzt euer Lächeln verweint.

Fürchtet euch nicht zu leiden, die Schwere,
gebt sie zurück an der Erde Gewicht;
schwer sind die Berge, schwer sind die Meere.

Selbst die als Kinder ihr pflanztet, die Bäume,
wurden zu schwer längst; ihr trüget sie nicht.
Aber die Lüfte ... aber die Räume ....

IX

Nur wer die Leier schon hob
auch unter Schatten,
darf das unendliche Lob
ahnend erstatten.

Nur wer mit Toten vom Mohn
aß, von dem ihren,
wird nicht den leisesten Ton
wieder verlieren.

Mag auch die Spieglung im Teich
oft uns verschwimmen:
Wisse das Bild.

Erst in dem Doppelbereich
werden die Stimmen
ewig und mild.

XIX

Wandelt sich rasch auch die Welt
wie Wolkengestalten,
alles Vollendete fällt
heim zum Uralten.

Über dem Wandel und Gang,
weiter und freier,
währt noch dein Vor-Gesang,
Gott mit der Leier.

Nicht sind die Leiden erkannt,
nicht ist die Liebe gelernt,
und was im Tod uns entfernt,

ist nicht entschleiert.
Einzig das Lied überm Land
heiligt und feiert.

XXI

Frühling ist wiedergekommen. Die Erde
ist wie ein Kind, das Gedichte weiß;
viele, o viele .... Für die Beschwerde
langen Lernens bekommt sie den Preis.

Streng war ihr Lehrer. Wir mochten das Weiße
an dem Barte des alten Manns.
Nun, wie das Grüne, das Blaue heiße,
dürfen wir fragen: sie kanns, sie kanns!

Erde, die frei hat, du glückliche, spiele
nun mit den Kindern. Wir wollen dich fangen,
fröhliche Erde. Dem Frohsten gelingts.

O, was der Lehrer sie lehrte, das Viele,
und was gedruckt steht in Wurzeln und langen
schwierigen Stämmen: sie singts, sie singts!

XXII

Wir sind die Treibenden.
Aber den Schritt der Zeit,
nehmt ihn als Kleinigkeit
im immer Bleibenden.

Alles das Eilende
wird schon vorüber sein;
denn das Verweilende
erst weiht uns ein.

Knaben, o werft den Mut
nicht in die Schnelligkeit,
nicht in den Flugversuch.

Alles ist ausgeruht:
Dunkel und Helligkeit,
Blume und Buch.

Die Sonette an Orpheus
Zweiter Teil

I

Atmen, du unsichtbares Gedicht!
Immerfort um das eigne
Sein rein eingetauschter Weltraum. Gegengewicht,
in dem ich mich rhythmisch ereigne.

Einzige Welle, deren
allmähliches Meer ich bin;
sparsamstes du von allen möglichen Meeren, –
Raumgewinn.

Wieviele von diesen Stellen der Räume waren schon
innen in mir. Manche Winde
sind wie mein Sohn.

Erkennst du mich, Luft, du, voll noch einst meiniger
   Orte?
Du, einmal glatte Rinde,
Rundung und Blatt meiner Worte.

XII

Wolle die Wandlung. O sei für die Flamme begeistert,
drin sich ein Ding dir entzieht, das mit Verwandlungen
    prunkt;
jener entwerfende Geist, welcher das Irdische meistert,
liebt in dem Schwung der Figur nichts wie den
    wendenden Punkt.

Was sich ins Bleiben verschließt, schon *ists* das Erstarrte;
wähnt es sich sicher im Schutz des unscheinbaren
    Grau's?
Warte, ein Härtestes warnt aus der Ferne das Harte.
Wehe –: abwesender Hammer holt aus!

Wer sich als Quelle ergießt, den erkennt die
    Erkennung;
und sie führt ihn entzückt durch das heiter Geschaffne,
das mit Anfang oft schließt und mit Ende beginnt.

Jeder glückliche Raum ist Kind oder Enkel von
    Trennung,
den sie staunend durchgehn. Und die verwandelte
    Daphne
will, seit sie lorbeern fühlt, daß du dich wandelst in Wind.

XIV

Siehe die Blumen, diese dem Irdischen treuen,
denen wir Schicksal vom Rande des Schicksals leihn, –
aber wer weiß es! Wenn sie ihr Welken bereuen,
ist es an uns, ihre Reue zu sein.

Alles will schweben. Da gehn wir umher wie Beschwerer,
legen auf alles uns selbst, vom Gewichte entzückt;
o was sind wir den Dingen für zehrende Lehrer,
weil ihnen ewige Kindheit glückt.

Nähme sie einer ins innige Schlafen und schliefe
tief mit den Dingen –: o wie käme er leicht,
anders zum anderen Tag, aus der gemeinsamen Tiefe.

Oder er bliebe vielleicht; und sie blühten und priesen
ihn, den Bekehrten, der nun den Ihrigen gleicht,
allen den stillen Geschwistern im Winde der Wiesen.

Der Gedichtzyklus »Die Sonette an Orpheus«
entstand in Muzot (Wallis) 1922

Handinneres

Inneres der Hand. Sohle, die nicht mehr geht
als auf Gefühl. Die sich nach oben hält
und im Spiegel
himmlische Straßen empfängt, die selber
wandelnden.
Die gelernt hat, auf Wasser zu gehn,
wenn sie schöpft,
die auf den Brunnen geht,
aller Wege Verwandlerin.
Die auftritt in anderen Händen,
die ihresgleichen
zur Landschaft macht:
wandert und ankommt in ihnen,
sie anfüllt mit Ankunft.

Muzot (Wallis) 1924

Aber die Winter! Oh diese heimliche
Einkehr der Erde. Da um die Toten
in dem reinen Rückfall der Säfte
Kühnheit sich sammelt,
künftiger Frühlinge Kühnheit.
Wo das Erdenken geschieht
unter der Starre; wo das von den großen
Sommern abgetragene Grün
wieder zum neuen
Einfall wird und zum Spiegel des Vorgefühls;
wo die Farbe der Blumen
jenes Verweilen unserer Augen vergißt.

Paris 1925

Komm du, du letzter, den ich anerkenne,
heilloser Schmerz im leiblichen Geweb:
wie ich im Geiste brannte, sieh, ich brenne
in dir; das Holz hat lange widerstrebt,
der Flamme, die du loderst, zuzustimmen,
nun aber nähr' ich dich und brenn in dir.
Mein hiesig Mildsein wird in deinem Grimmen
ein Grimm der Hölle nicht von hier.
Ganz rein, ganz planlos frei von Zukunft stieg
ich auf des Leidens wirren Scheiterhaufen,
so sicher nirgend Künftiges zu kaufen
um dieses Herz, darin der Vorrat schwieg.
Bin ich es noch, der da unkenntlich brennt?
Erinnerungen reiß ich nicht herein.
O Leben, Leben: Draußensein.
Und ich in Lohe. Niemand der mich kennt.

    Val-Mont (über dem Genfer See) 1926

Rose, oh reiner Widerspruch, Lust,
Niemandes Schlaf zu sein unter soviel
Lidern.

1925

Anhang

Nachwort

Diese Auswahl ist für Leser gemacht, die Lust auf Gedichte haben, die frisch und neugierig das Rilke-Haus betreten und sich an der sinnlichen Fülle und Farbigkeit seiner Bilder, Beobachtungen, Klänge und Durchblicke freuen können. Im Unterschied zu gängigen Rilke-Sammlungen steht hier das spröde intellektuelle Spätwerk ganz am Rande. Von den tastenden künstlerischen Anfängen des Autors wurden einige weniger bekannte, überraschend starke Texte aufgenommen. Im Mittelpunkt stehen die jugendlich diesseitigen und zugleich immer hellsichtig nachdenkenden Gedichte aus Rilkes mittlerer Lebenszeit.

Blättern Sie in dem Band und nehmen Sie vorläufig nur die Gedichte heraus, die Ihnen gefallen. Horchen Sie sich, indem Sie diese Texte lesen und wieder lesen, langsam in die Rilkesche Sprache hinein. Lassen Sie sich Zeit, wollen Sie nicht jede Einzelheit verstehen. Vielleicht geht Ihnen der eine oder andere Text später plötzlich auf. Oder versuchen Sie mitzuassoziieren – auf einmal leuchtet Ihnen ein Gedicht neu ein.

Jahrzehntelang galt es, vor allem in Westdeutschland, als schick, über Rilke zu lächeln – über seine unpolitischen Themen und einsamen Gedankengänge, den leisen, versponnenen Ton oder die elitäre Biographie. Das Vorurteil, das sich vor allem gegen seine demütige Anhängerschaft richtete, ist fast verschwunden, weil diese Anhängerschaft fast verschwunden ist. Wer sich heute Rilke zuwendet, urteilt neu.

Diese freien, unblasierten Leser möchte das Buch einladen zu einer Wanderung durch die Rilkesche Landschaft. Zwischen den sehr bekannten, längst Klassik gewordenen Texten sind offenere, »leichtere«, beiläufig entstandene neu zu entdecken. Durch die neue Anordnung ergeben sich manche ungewöhnlichen Beleuchtungen, ein gewisser Charme des scheinbar Zufälligen kann gelegentliche sakrale Nuancen aufheben. Überhaupt sind die ausdrücklich religiösen Gedichte, die oft ihr verdeckt katholisches Parfüm nicht abstreifen können, sehr sparsam vertreten.

Ein faszinierender Künstler, eine faszinierende Person – jugendlich produktiver Sprachforscher und -abenteurer sein Leben lang, alt in Erkenntnis und Weisheit von Jugend auf. Er war ein Fremder, nicht nur äußerlich, dieser Prager René (später Rainer) Maria Rilke, und hat am Leben seiner Zeitgenossen stets wie von einem anderen Stern aus teilgenommen. Anders als viele Fremdlinge hat er sich immer nur vordergründig um Anpassung bemüht. Sein tiefes Fremdsein begriff er als kostbares Gut, als seine ganz spezifische Möglichkeit, die Dinge, die Menschen und die Gesetze des Lebens radikal neu zu sehen.

Am unverbrauchten Blick des Kindes schult er sein Denken: Kindsein ist nie vorbei, sondern als Zustand jederzeit neu möglich. Von hier aus wird das Nächste, Alltäglichste zur bestürzend neuen Erfahrung, die scheinbar normalste gesellschaftliche Verabredung kann plötzlich als Lüge erscheinen, und (hier nimmt er Erich Fromm vorweg) ein Geschehen wie Liebe oder Freundschaft erhält sein ganzes Gewicht als Aufgabe, als zu lernende Arbeit. Wenige große Geister stehen so außerhalb der Konvention wie er, wenige verfügen so revolutionär und kühn über Sprache, Form, Ausdruck. Scharf wendet er sich gegen die landläufige Vorstellung vom Dichter als einem, der halt sein Herz ausschüttet: »Verse sind nicht, wie die Leute meinen, Gefühle [...] – es sind Erfahrungen«. Denn Schreiben ist Feinmechanik, Präzisionsarbeit: »Er war ein Dichter und haßte das Ungefähre« (beide Zitate aus dem Malte-Roman).

Vor diesem Hintergrund erhalten die Farben und Stimmen in dem bekannten »Herbsttag«-Gedicht (Seite 42) einen neuen, zeitlosen Klang. Der Horizont des Schicksalhaften erscheint gleich zu Beginn im Bild der Sonnenuhren; das Kostbare, die heitere Erinnerung, die im Gemüt vom Herbst bleibt, der »schwere Wein« zieht vorüber. Die geistige Perspektive des Herbstes ist das Alleinsein – es wird nicht beklagt, sondern in seiner stolzesten Form gezeigt: das Wachen.

So gewinnen beim vertiefenden Lesen auch die berühmten »Panther«-Verse (Seite 74) an magischer Dimension. Der Lesende tastet die geschmeidigen Schritte des Tieres nach und, trickreiche Suggestion des Gedichts, identifiziert sich mit dem gefangenen Raubtier, und er wird gebannt von dessen gefährlich halb schlafender, halb wacher Elektrizität.

Die Einfachheit auf dem Untergrund sehr diffiziler Gedankenwege und Beobachtungen, wie sie hier erreicht wird, ist Kriterium für die Meisterschaft des Autors im Erfassen und Sagen. Eine Meisterschaft, die sich mitunter schon früh ankündigt, so in jenen aufregenden Reimen des 21jährigen Rilke, die in holzschnittartiger Schwarzweißschrift die Spuren eines Mädchens nachzeichnen (Seite 13), das da auf einmal überrascht wird von der »Liebe oder was das war«: befremdliche Umschreibung für dieses fragende, ahnende Begreifen. Erschreckend einfach dann das Bild für das Zerrinnen aller Hoffnung: »da liegt ein Teich vor ihrem Haus« und der gnadenlose Schluß: »So wie ein Traum scheints zu beginnen, / und wie ein Schicksal geht es aus.«

So wie Rilke sich um eine neue geistige Kultur im Umgang mit den nächstliegenden Inhalten bemüht – Ich und Du, die Dinge, die Luft, Blumen, Tiere –, so versucht er eine neue, genauere Bewußtheit gegenüber dem Tod zu erwerben. Tatsächlich gibt es im Deutschen nicht viele moderne Texte, die auf das große Thema groß antworten, zu ihnen zählen ein paar Rilke-Gedichte. Das nüchternste ist das stärkste: »Todes-Erfahrung« (Seite 83) Die Askese der Gedanken, die Sammlung auf das, was wir wissen können, gibt dem Text Gewicht bis in jede Zeile hinein. Das einfache Konzept – Welt-Bühne als Begegnung von Spiel und Wirklichkeit – überredet, prägt und wirkt bleibend nach. Es gibt auch (Seite 28) ein Gedicht, das man als künstlerische Übersetzung des monumentalen frühmittelalterlichen Sinnspruchs »Media vita in morte sumus« verstehen kann (»Mitten im Leben sind wir vom Tod umfangen«, der Spruch geht auf Notker Balbulus, um 900, zurück). Die starre Formel des Mittelalters erhält bei Rilke Glanz und ein menschliches Antlitz. Die sechs Zeilen des Gedichts sind überdies als ein handwerklich-künstlerisches Kabinettstück besonderen Ranges zu lesen.

Rilkes Lebensgefühl der Fremdheit – das ihn die Dinge des Lebens anders, um viele Stufen hintergründiger sehen und sagen läßt – ist eine Möglichkeit, die er sich ständig neu erwirbt und zu der er auch andere gerne hinführen möchte: »Entfremden mußt du den Gepflogenheiten« (Seite 24). Sich von den Ritualen der Gesellschaft, ihren Nützlichkeiten und Angeboten gründlich verabschieden, dies macht stark für das gefährdete, das gefährliche Selbstsein: Erst wenn »du allen den Verlogenheiten / entwachsen sein wirst, denen du vertraust, / bist du am Anfang deiner selbst und stehst / an einem Meer«. Der streitbare Text lädt nicht nur ein, die Meeres-Nachbarschaft des Unbetretenen, Unwegsamen auszuhalten, sondern sich mit ihm anzufreunden, statt der Gesellschaft ihm, dem Unbekannten, zu vertrauen, die neuen, unmöglichen Wege zu riskieren, Wege, »die von den Menschen dich für immer scheiden«: Signal aus der Praxis eines Autors, dessen Werk wie sein Leben als ein großangelegtes Experiment studiert werden kann. *U. H.*

Daten zu Rilkes Biographie

4. Dezember 1875 in Prag geboren. 1884 Trennung der Eltern. Ab 1895 Studium in Prag, München, Berlin. 1897 Begegnung mit der (14 Jahre älteren) wichtigsten Gesprächspartnerin seines Lebens, Lou Andreas-Salomé. 1898 Florenz. 1899 und 1900 zwei Rußlandreisen mit Lou.

1900 Worpswede. 1901 Heirat mit der (drei Jahre jüngeren) Bildhauerin Clara Westhoff. Geburt der Tochter Ruth.

1902 »Das Buch der Bilder« erscheint.

Ab 1902 schrittweise Trennung der Ehepartner.

1902/1903 Acht Monate in Paris.

1904 Sommer und Herbst in Dänemark und Schweden. »Die Weise von Liebe und Tod des Cornets Christoph Rilke« veröffentlicht.

1905 »Das Stunden-Buch« erscheint.

1905/1906 Sieben Monate in Meudon bei Rodin, zwei Monate in Paris.

1907 Capri und Paris. »Neue Gedichte« veröffentlicht.

1908 Capri und Paris. »Der neuen Gedichte anderer Teil« veröffentlicht.

1909 Paris, Provence, Paris.

1910 Der Roman »Die Aufzeichnungen des Malte Laurids Brigge« erscheint.

1912–1922 »Duineser Elegien«. 1922 »Die Sonette an Orpheus«. (Beide Zyklen 1923 veröffentlicht.)

1921–1927 Château de Muzot (Wallis).

29. Dezember 1927 Tod im Sanatorium Val-Mont.

Textnachweis

Die Textgestalt der Gedichte folgt der Ausgabe: Rainer Maria Rilke: Sämtliche Werke. Herausgegeben vom Rilke-Archiv. In Verbindung mit Ruth Sieber-Rilke besorgt durch Ernst Zinn. Band 1–5, Wiesbaden: Insel 1955–1959. Das gilt auch für die Gedichte, die im Zusammenhang mit dem »Schmargendorfer Tagebuch« entstanden sind (Seite 21–27), sowie für den Text, der aus dem Malte-Roman stammt (Seite 103). Die fünf Teile des vorliegenden Bandes sind durch ihre Überschriften definiert; innerhalb jedes Teils wurden die Gedichte nach inhaltlichen Gesichtspunkten neu angeordnet (Ausnahme: dritter Teil).

Häussermann, Gisela (Jg. 1936), Schauspielausbildung an der Theaterhochschule Leipzig, 1961–1989 durchgehend engagiert an Bühnen der DDR (Künstlername Gisela Kell), danach Schauspiellehrerin.

Häussermann, Ulrich (Jg. 1928), langjährige Tätigkeit in der Lehrerausbildung des Goethe-Instituts; in diesem Zusammenhang Fachpublikationen und acht Lehrbücher zur deutschen Sprache und Literatur. Daneben literaturgeschichtliche und kunstwissenschaftliche Publikationen.

Alphabetisches Verzeichnis
der Gedichtüberschriften und -anfänge

Abend in Skåne	50
Aber die Winter! Oh diese heimliche / Einkehr	126
Aber selbst noch durch die Flügeltüren	94
Abisag	76
Abschied	67
Als ihn der Gott in seiner Not betrat	95
Am Anfang war mir das Leben gut	37
Am Rande der Nacht	32
An die Musik	115
Archaïscher Torso Apollos	100
Atmen, du unsichtbares Gedicht!	122
Auf einmal weiß ich viel von den Fontänen	30
Aus einem April	25
Ausgesetzt auf den Bergen des Herzens	113
Blaue Hortensie	71
Da neigt sich die Stunde und rührt mich an	55
Da rinnt der Schule lange Angst und Zeit	46
Das ist mein Fenster. Eben / bin ich so sanft erwacht	96
Das Karussell	72
Das Lied der Witwe	37
Das Lied des Blinden	36
Das Rosen-Innere	89
Der Abend ist mein Buch	16
Der Alchimist	90
Der Auszug des verlorenen Sohnes	68
Der Duft	97
Der Knabe	45
Der Lesende	38
Der Nachbar	44

Der Panther	74
Der Park ist hoch. Und wie aus einem Haus	50
Der Pavillon	94
Der Schauende	34
Der Schwan	78
Der Tod der Geliebten	98
Der Tod des Dichters	82
Der Tod ist groß	28
Des alten lange adligen Geschlechtes	70
Die armen Worte, die im Alltag darben	11
Die Blätter fallen, fallen wie von weit	43
Die Einsamkeit ist wie ein Regen	41
Die Entführung	102
Die Erblindende	81
Die Flamingos	99
Die Gassen haben einen sachten Gang	92
Die große Nacht	110
Die großen Städte sind nicht wahr	62
Die Kurtisane	88
Die Liebende	96
Die Liebenden	101
›Die Mandelbäume in Blüte‹	107
Die Nächte sind nicht für die Menge gemacht ..	19
Die Reichen und Glücklichen haben gut schweigen	40
Die Sonette an Orpheus	117
Die Städte aber wollen nur das Ihre	63
Die Stille	26
Diese Mühsal, durch noch Ungetanes	78
Du, der ichs nicht sage, daß ich bei Nacht	103
Du hast mich wie eine Laute gemacht	21
Du im Voraus / verlorne Geliebte	108
Ein Frühlingswind	85
Einsamkeit	41
Ende des Herbstes	49
Enkel	23

Entfremden mußt du den Gepflogenheiten	24
Er lag. Sein aufgestelltes Antlitz war / bleich	82
Er wußte nur vom Tod was alle wissen	98
Erinnerung	48
Ernste Stunde	33
Es winkt zu Fühlung fast aus allen Dingen	112
Fortschritt	29
Fremde Geige, gehst du mir nach?	44
Frühling ist wiedergekommen	120
Gieb deine Schönheit immer hin	20
Handinneres	125
Herbst	43
Herbsttag	42
Herr: es ist Zeit. Der Sommer war sehr groß	42
Hörst du, Geliebte, ich hebe die Hände	26
Ich bin blind, ihr draußen, das ist ein Fluch	36
Ich bin wie eine Fahne von Fernen umgeben	51
Ich finde dich in allen diesen Dingen	59
Ich fürchte mich so vor der Menschen Wort	15
Ich las schon lang. Seit dieser Nachmittag	38
Ich lebe grad, da das Jahrhundert geht	58
Ich lebe mein Leben in wachsenden Ringen	56
Ich liebe meines Wesens Dunkelstunden	57
Ich möchte einer werden so wie die	45
Ich möchte jemanden einsingen	27
Ich sehe den Bäumen die Stürme an	34
Ich sehe seit einer Zeit	49
Im Auge Traum. Die Stirn wie in Berührung	69
Im Saal	80
Immer wieder, ob wir der Liebe Landschaft auch kennen	114
In diesem Dorfe steht das letzte Haus	60

In Spiegelbildern wie von Fragonard	99
Initiale	20
Inneres der Hand. Sohle, die nicht mehr geht ...	125
Jetzt reifen schon die roten Berberitzen	61
Jugend-Bildnis meines Vaters	69
Kindheit................................	46
Komm du, du letzter, den ich anerkenne.......	127
Leda	95
Liebes-Lied.............................	86
Lied vom Meer	84
Meine Stube und diese Weite	32
Menschen bei Nacht	19
Menschen, die das tiefe Schweigen haben	23
Mit diesem Wind kommt Schicksal	85
Mit einem Dach und seinem Schatten dreht	72
Musik: Atem der Statuen. Vielleicht	115
Nennt ihr das Seele, was so zage zirpt	12
Nun fortzugehn von alledem Verworrnen	68
Nur wer die Leier schon hob	118
O ihr Zärtlichen, tretet zuweilen / in den Atem..	117
O Leben Leben, wunderliche Zeit............	109
Oft anstaunt ich dich,	
stand an gestern begonnenem Fenster	110
Oft war sie als Kind ihren Dienerinnen / entwichen	102
Quai du Rosaire	92
Römische Fontäne	75
Rosa Hortensie	87
Rose, oh reiner Widerspruch................	128

Sein Blick ist vom Vorübergehn der Stäbe	74
Selbstbildnis aus dem Jahre 1906	70
Seltsam verlächelnd schob der Laborant	90
Sie hatte keinerlei Geschichte	13
Sie lag. Und ihre Kinderarme	76
Sie saß so wie die anderen beim Tee	81
Sieh, wie sie zu einander erwachsen	101
Siehe die Blumen, diese dem Irdischen treuen	124
So wie das letzte Grün in Farbentiegeln	71
Spanische Tänzerin	79
Tage, wenn sie scheinbar uns entgleiten	93
Todes-Erfahrung	83
Und du wartest, erwartest das Eine	48
Und wie mag die Liebe dir kommen sein?	14
Und wieder rauscht mein tiefes Leben lauter	29
Unendlich staun ich euch an, ihr Seligen	107
Uraltes Wehn vom Meer	84
Venedigs Sonne wird in meinem Haar	88
Vertrau den Büchern nicht zu sehr	91
Von den Fontänen	30
Vorgefühl	51
Wandelt sich rasch auch die Welt	119
Wer bist du, Unbegreiflicher: du Geist	97
Wer jetzt weint irgendwo in der Welt	33
Wer nahm das Rosa an? Wer wußte auch	87
Wie hab ich das gefühlt was Abschied heißt	67
Wie in der Hand ein Schwefelzündholz, weiß	79
Wie ist doch alles weit ins Bild gerückt	116
Wie sind sie alle um uns, diese Herrn	80
Wie soll ich meine Seele halten	86
Wieder duftet der Wald	25
Wir kannten nicht sein unerhörtes Haupt	100

Wir sind die Treibenden	121
Wir wissen nichts von diesem Hingehn	83
Wo ist zu diesem Innen / ein Außen?	89
Wolle die Wandlung. O sei für die Flamme begeistert	123
Zu solchen Stunden gehn wir also hin	22
Zum Einschlafen zu sagen	27
Zwei Becken, eins das andre übersteigend	76